Gabriel Eckert

Fritzel von Mannheim oder das Vorurteil

ein Original-Lustspiel in einer Handlung

Gabriel Eckert

Fritzel von Mannheim oder das Vorurteil
ein Original-Lustspiel in einer Handlung

ISBN/EAN: 9783743440999

Hergestellt in Europa, USA, Kanada, Australien, Japan

Cover: Foto ©ninafisch / pixelio.de

Weitere Bücher finden Sie auf **www.hansebooks.com**

Personen.

Donnerstag, ein Gastwirth.

Donnerstaginn, seine Frau.

Fritzel, ihr Sohn.

Zuffel, ihre Tochter.

Madame Ruyter, eine Frembe.

Sphinx, ein Advokat.

Hertz, ein Schulmeister.

Hertzinn, seine Frau.

Lieutenant Werndly.

Lieutenant Flucht.

Keller, Mohr, Sänftenträger.

Der Schauplatz ist in zwey Gasthäusern.

Fritzel von Mannheim.

Erster Auftritt.

Der Schauplatz ist in Donnerstags Gasthaus.

Donnerstag. Sphinx.

Donnerstag. Nein, Herr Gevatter: Sie muthen mir zu viel zu; mein ganzes Herz empört sich wider den Gedanken meinen Sohn zu enterben. — Es ist wahr, auf einander gehäufte Thorheiten machen ihn meiner väterlichen Liebe unwürdig — er soll auch meine Schwelle nicht wieder betreten — wo er in der Fremde zwölf

Jahre Brod gefunden hat, da laß ihn wieder hingehen — Inzwischen bleibt er mein Sohn. — So lange ich lebe soll er von dem Meinigen nichts genießen, — nach meinem Tode mag ers mit seiner Schwester theilen, ich wills nicht hindern.

Sphinx. Allein, Herr Gevatter, das ist unserer genommenen Abrede gänzlich zu wider — Sie erinneren sich doch, daß ich mit dieser Bedingung eigentlich in der Eheversprechung meines Sohnes mit Ihrer Tochter gewilliget habe?

Donnerstag. Ja, Herr Gevatter, das gestehe ich: damals glaubte ich, mein Sohn wäre todt und faulte irgend in einem Winkel der Erde, oder wäre von den Fischen im Meere gefressen worden. Ich dankte Gott, daß er mir weiter keine Schande an ihm erleben lassen, und wünschte seiner Seelen Heil. — Jetzt aber, da er zurück gekommen, und wieder hier in Mannheim ist, — deucht mir, ist es hinlänglich, ihn seinem Schicksale zu übergeben, und ihn für sich selbst sorgen zu lassen. Allein zu verlangen, daß ich ihn schlechterdings enterben soll, — Herr Gevatter — gestehen Sie das auch — das heißt eigennützig, barbarisch gedacht.

Fritzel von Mannheim.

Sphinx. Barbarisch! — einen Nichtswürdigen, einen Herumstreicher, einen Tagedieb zu enterben! — Wer weiß, wo er diese lezte Zeit über bey der Gerechtigkeit logiert — welchen Fesseln er entflohen ist, um neue Auftritte von Schande und Lasterthaten unter den Augen seiner Eltern vorzunehmen? Wer ist Ihnen Bürge, daß nicht tausend traurige, entehrende Nachrichten, Ihm, wie das böse Gerücht hieher auf dem Fusse folgen werden. Sollte er merken, daß in ihrem Herzen noch ein Funken der Zärtlichkeit, wie in der Asche für ihn glimmte, — was meinen Sie wohl, wie er es sich zu Nutze machen würde? — Haben Sie nicht mehr als zureichende Proben seines bösen Herzens, um sich auf alle Fälle gegen ihn zu verwahren?

Donnerstag. Böses Herze! — das weiß ich nun eben nicht. — Er war jung, da er Thorheiten begieng, und solche die mich äusserst kränkten — ich glaube auch nicht, daß ihn diese zwölf Jahre gebessert haben — was man aber eigentlich ein böses Herz nennt, das habe ich nie an ihm wahrgenommen.

Sphinx. O Blindheit der väterlichen Liebe! —

Erinnern Sie sich lebhaft aller vergangenen Aufzüge, und überlegen dann, was Sie sich in die Zukunft von ihm zu versprechen haben.

Donnerstag. Das thue ich, und wünsche ich hätte nie wieder von ihm gehört.

Sphinx. So machen Sie wenigstens diesen letzten Wunsch würklich, weil er in Ihrer Macht ist.

Donnerstag. Wie so?

Sphinx. Schicken Sie ihn so bald möglich auf ewig wieder fort.

Donnerstag. Ach mein! kann ich ihm denn seine Vaterstadt verbieten?

Sphinx. Das können Sie freylich nicht; Sie können ihn aber einsperren lassen.

Donnerstag. Das brächte mir Schande, kostete mir Geld, und würde ihn nicht bessern.

Sphinx. Wohlan, ich will einen Vorschlag thun, der hoffentlich beyde Theile zufrieden stellen soll.

Donnerstag. Lassen Sie hören.

Sphinx. Seine Hauptabsicht, warum er uns einen so unvermutheten Besuch ablegt, wird ohne Zweifel seyn, um aufs neue Geld von Ihnen zu erpressen. —

Donnerstag. Von mir bekommt er keinen Batzen — —

Sphinx. Hören Sie mich aus!

Donnerstag. Nein, vom Geldgeben mag ich durchaus nichts hören.

Sphinx. Lassen Sie mich doch ausreden!

Donnerstag. Nun?

Sphinx. Ich setze also den Fall, wie es denn gewiß nicht anders ist, er wäre bloß in der Absicht hieher gekommen, Sie von neuem zu zwacken —

Donnerstag. Da soll er blind kommen.

Sphinx. Schon wieder?

Donnerstag. Ich bin still.

Sphinx. Wenn Sie ihm nun ein Stückchen Geld gäben, mit dem Beding, daß er der Kurpfalz entsagen und aller väterlichen und mütterlichen Erbschaft auf ewig sich begeben sollte.

Donnerstag. Das ließe sich noch wohl hören; aber das Stückchen Geld gefällt mir nicht.

Sphinx. Ey! das würde ja so viel nicht seyn. Ein armer im Elend herumwandernder Schlucker läßt sich mit Wenigem abspeisen. Indessen überlegen Sie einmal, wenn er lange hier bleibt, so will er leben, und da er nichts hat, so muß er borgen, folglich wird er Schulden machen, die Sie am Ende doch immer werden bezahlen müssen.

Donnerstag. Ich zahle keinen Kreuzer, keinen Heller, rathen Sie mir alles was Sie wollen, alle Ihre Anschläge werden mir gefallen, nur mit dem Geldausgeben bleiben Sie mir vom Leibe.

Sphinx. Wunderlich! begreiffen Sie denn nicht, daß, ob Sie gleich jezt nichts für ihm bezahlen wollen, dereinsten doch alle seine Schulden von dem Ihrigen bezahlt werden müssen?

Donnerstag. Wie so?

Sphinx. So lange Sie leben, und die Leute nicht wissen daß er enterbet worden ist, wird man nirgend Anstand nehmen, ihm zu borgen, in Hoffnung, daß bey Ihrem Ableben alles bezahlt werden wird.

Donnerstag. Da haben Sie recht, daran habe ich nicht gedacht.

Sphinx. Nicht dieses allein: bleibt er hier, so wird er Ihnen hundert Verdruß machen: er wird Sie auf alle Wege kränken: Sie werden für Aergerniß und Herzeleid zwanzig Jahre früher in die Grube gehen. — Ehe er abreisete war er ein Knabe, hochgenommen, ein Jüngling, seine Streiche waren Jugendstreiche, Ungezogenheit, Verführung. — Jezt hat er die Welt gesehen, diese Welt hat ihn verfeinert, der Mangel hat ihn gewizigt ohne ihn gebessert zu haben: er kömmt als Mann wieder, den Sie nicht mehr mit der Ruthe züchtigen können. Erwarten Sie also keine von den vorigen kindischen Ausschweifungen — zittern Sie vielmehr vor seinen Nachstellungen — —

Donnerstag. Alles wohl überlegt, so haben Sie wahrhaftig recht. Liebster Herr Gevatter, was ist hieben anzufangen?

Sphinx. Wie gesagt, schaffen Sie sich den Nichtswürdigen vom Halse, so haben Sie und andre ehrliche Leute Ruhe; und Seegen wird über Ihr Haus kommen. Da Sie hingegen nichts, als den Fluch des Himmels, unaufhörliche Unruhe, Kränkung, und die Verachtung der Rechtschaffenen zu gewarten haben, wenn Sie einem lüderlichen Landstreicher in seinen Ausschweifungen nachsehen, ja wohl gar noch

Vorschub thun, wenn Sie ihn in Ihrem Hause aufnehmen.

Donnerstag. Recht, alles recht, wie soll ich aber seiner los werden?

Sphinx. Geben Sie mir den Auftrag; ich will es über mich nehmen.

Donnerstag. Von Herzen gerne.

Sphinx. Wenn ist er angekommen?

Donnerstag. Diesen Morgen um acht Uhr, wie ich vernommen.

Sphinx. Wo ist er zu finden?

Donnerstag. Er hat sich zum König von Engelland einlogirt.

Sphinx. Hat er sich selbst bey Ihnen gemeldet, oder durch jemanden melden lassen?

Donnerstag. Keines von beyden, sondern ich habe seine Ankunft erfahren, und ihm unmittelbar den Zutritt meines Hauses verbieten lassen.

Sphinx. Ganz wohl; ich will mich zu ihm verfügen, und dem jungen Ungerathenen sein Schicksal ankündigen.

Donnerstag. Ein wenig Geduld; so eben fällt mir etwas bey. Warten Sie lieber noch ein wenig, bis ich mit meiner Frau darüber zu Rathe gegangen bin. Nicht, daß es eben nothwendig wäre, denn ich bin Herr, unumschränkter Herr in meinem Hause. — Allein, Sie wissen, wie die Weiber sind — man thut oft sehr viel — man giebt dem weiblichen Geschlechte, als den schwächeren Werkzeuge die Ehre — kurz, man sieht durch die Finger, wie die Sage ist. Sie verziehen also noch ein wenig.

Sphinx. Auch das lasse ich mir gefallen. Ich verstehe Sie sehr wohl, ohne daß Sie sich desfalls so deutlich zu erklären brauchen. Inzwischen bleibt es bey unserer Abrede, nur davon gehen Sie nicht ab, nicht ein Haar ab, sonst machen Sie einen gewaltigen Strich in unsere Rechnung. Versprechen Sie mir das?

Donnerstag. Ach ja, ich bin ja ein Mann, und dabey Herr in meinem Hause.

Sphinx. Geben Sie mir Ihre Hand darauf.

Donnerstag. Hier ist sie — St. St. ich höre meine Frau kommen, wir wollen durch diesen Gang gehen. (Sie gehn ab.)

Zweyter Auftritt.

Frau Donnerstaginn. Schulmeister Herz.

Fr. Donn. Herr Präceptor, er nehme es nicht übel, wir befinden uns hier in so wunderlicher Verfassung, daß wir vor allen Dingen heilsamen und klugen Rath von nöthen haben: deswegen bin ich so frey gewesen, ihn zu mir bitten zu lassen.

Herz. Frau Donnerstaginn, ich bin recht stolz, daß Sie sich meiner Wenigkeit bey den wichtigen Angelegenheiten ihres Hauses bedienen wollen. Ich danke unterthänigst für dieses sichtbare Zeichen Ihres Zutrauens zu meinen geringen Einsichten. Ich bin wie jederzeit, auch jezt zu Ihren gütigen Befehlen bereit. Belieben Sie mir nur Ihr Anliegen zu entdecken.

Fr. Donn. Er wird sich ohne Zweifel noch meines Buben Fritzels erinnern, der bey ihm in die Schule gegangen ist?

Herz. O ja, Frau Donnerstaginn, ein munterer aufgeweckter Kopf — er buchstabirte, und schrieb Orthographiece, das war eine Freude!

Fr. Donn. Ja, ein loser Vogel war es, der seinen Eltern Herzeleid genug gemacht.

Herz. Auch wahr! er machte mir oft die ganze Schule aufrührisch, und von allen losen Streichen war er immer der Anführer — Gott verzeih's ihm, er hat mir einmal meine Sonntag's Perücke mit einer Wachskerze verbrannt, und wenn ich nur die Augen verwendete, so war er schon mit dem Lichte im Dintenfaß, um mir die Dinte fett zu machen.

Fr. Donn. Ach! ein loser Bube! Alle Leute klagten über ihn! Nun, Herr Präceptor, Fritzel ist wieder hier.

Herz. Ey! was Sie sagen! das gestehe ich! Fritzel ist wieder hier! das wird seinen lieben Eltern eine herzliche Freude gewesen seyn!

Fr. Donn. Nicht gar sonderlich, Herr Präceptor; ich und mein Mann wissen leider nicht was wir mit dem Taugenichts anfangen sollen. Mein Mann hat ihm gleich das Haus verbiethen lassen, und das scheint mir doch ein wenig zu hart — —

Herz. Freylich, das ist zu hart: es ist doch sein Kind.

Fr. Donn. Nun, Herr Präceptor, möchte ich gerne wissen was an dem Buben eigentlich zu thun wäre. Er ist zwölf Jahre in den Dardanellen, Ostindien und Lapland herumgewandert.

Herz. Was Sie sagen! In den Dardanellen! das liegt noch weit hinter Jerusalem, wo die Hottentotten wohnen.

Fr. Donn. Ja, recht, Herr Präceptor, bey den Hottentotten ist er auch gewesen; wie er das alles sogleich wissen kann!

Herz. Das lernen wir Gelehrten aus der Chiromantie. Nun Frau Donnerstaginn?

Fr. Donn. Sein bischen Latein, Rechnen und Schreiben wird er wohl auf seinen Reisen wieder verlernet haben: es hat seinen Eltern doch vieles Geld gekostet.

Herz. Und seinem Lehrer viele Mühe. (Mit einer Verbeugung.)

Fr. Donn. Meine Bitte, Herr Präceptor, wäre also, er gienge zu meinem Sohne, und examinirte ihn ein wenig, ob noch etwas mit ihm anzufangen, und wozu er wohl eigentlich tüchtig wäre. Er wird mich wohl verstehen, was ich meine — —

Herz.

Herz. Recht gut, Frau Donnerstaginn, Sie verlangen zu wissen, pro primo, ob der Herr Sohn noch Fähigkeiten genug aus dem Schiffbruch, den er in den Dardanellen erlitten, mit nach Hause gebracht, um ein nützliches Mitglied der Gesellschaft in seinem Vaterlande zu werden. Ist es nicht so?

Fr. Donn. Ja, Herr Präceptor.

Herz. Pro secundo, zu was für einem Stande er sich seiner Geschicklichkeit nach wohl am besten schickte? Nicht wahr?

Fr. Donn. Vollkommen.

Herz. Nun so muß ich pro primo meine Untersuchungen dahin richten, um zu erfahren, ob seine Tugenden mercantilisch, rathsherrenmäßig oder militärisch sind. Denn dieses sind die drey Hauptquellen, aus denen sich alles Uebrige mit vieler Richtigkeit schliessen läßt. Zum Beyspiel; hat er keine Physiognomie, zahlt er alles gleich baar aus, liest er fleißig die Zeitung, saugt er an den Fingern, nagt an den Nägeln, und schilt auf die bösen Zeiten, so muß er ein Kaufmann werden. Macht er aber eine gravitätische Miene, hält er den Kopf fein rückwärts, streckt seinen ansehnlichen Bauch vorwärts, redet wenig und mit abgemessenen Worten, und lächelt von seiner Höhe einen gnädigen Beyfall herab, so lassen Sie ihn Rathsherr werden. Er wird Ihnen und seiner Vaterstadt Ehre machen. Hat er aber seinem Wirthe schon ein paar Fenster eingeschlagen, mit der Frau Wirthinn Bekanntschaft gemacht und seit heute Morgen auf Borg gelebt, so muß er Soldat werden, denn er ist dazu gebohren. Nun, Frau Donnerstaginn, ich gehe meinen Auftrag ihrem Befehle gemäß auszurichten.

Fr. Donn. Aber, Herr Präceptor, verhüte er ja, daß mein Sohn nicht merkt, daß ich ihn abgeschickt, sondern mache er es so, daß alles von ungefehr zu kommen scheint.

Herz. Sorgen Sie nicht, ich werde meine Sache zu machen wissen, daß Sie Freude daran haben sollen; ich empfehle mich Ihnen gehorsamst. (Er geht ab.)

Fr. Donn. Adieu, Herr Präceptor.

Dritter Auftritt.

Madame Ruyter. Frau Donnerstaginn.

Madame Ruyter kommt mit ihrem Nähezeug herein, und begegnet dem Schulmeister, der im Weggehen viele Verbeugungen macht.

Fr. Donn. Ich empfehle mich: schon so frühe diesen Morgen spaziren gewesen?

Mad. Ruyter. Ich habe die Nacht nicht wohl geschlafen; ich glaube es kömmt von dem späten Nachtessen: ich habe deswegen heute Morgen wollen eine Bewegung machen, und bin Ihren angenehmen Wall herumgegangen.

Fr. Donn. (holt einen Stuhl.) Belieben Sie sich doch niederzulassen.

Mad. Ruyter. Sie haben einen recht schönen angenehmen Wall mit herrlichen Aussichten in die Ferne auf viele Meilenwegs. O der schöne Thurm! da wo der stolze Rhein vorbeyfließt — gewiß recht schön. — Aber Sie haben für gut befunden alle ihre Kirchhöfe ausser dem Bezirke der Lebendigen zu verlegen — für einen Spazirenden sehr erbaulich — —

Fr. Donn. Die Anmerkung habe ich noch nicht gehört.

Mad. Ruyter. Gewiß, Madame, ich hätte Lust mit Ihnen zu zanken, daß Sie mich drey melancholische Wochen auf meinem Zimmer zubringen lassen. — Sie müssen glauben, ich wäre nichts als Frauenzimmer — gleichgültig gegen die Schönheiten der Natur und Kunst.

Fr. Donn. Vergeben Sie, Mademoiselle, die Geschäfte unserer Haushaltung verhindern, uns um solche Sachen zu bekümmern. Unsere Küche, und unsere Gäste heischen alle unsere Zeit. Ein Kalender und ein Lehnlaquey wird Sie von allem unterrichten.

Mad. Ruyter. Den Ersten will ich mir so bald möglich ausbitten, und mit dem Lezten ersuche ich mich zu verschonen.

Fr. Donn. Ey, Mademoiselle, unser Lehnlaquey ist ein sehr ehrlicher Mann.

Mad. Ruyter. Das glaube ich, und wenn ich werde Wechsel zu heben, oder etwas einzukaufen haben, will ich mich seiner bedienen — doch mir das Sehenswürdige der Stadt Mannheim zu zeigen, von der ich so vieles gehört — auf einen einzigen Spaziergang schon so vieles gesehen — Nein, ich möchte es lieber nicht sehen, als es mir durch einen Lehnlaqueyen weisen lassen — ich könnte meine Empfindung bey ihm nicht äussern; er würde mich nicht verstehen, und da gienge das beste Vergnügen verlohren — doch schaffen Sie mir nur bald den Kalender, wovon Sie sprachen, und den Sie mir gleich bey meiner Ankunft hätten geben sollen. Sie hätten meinen Aufenthalt höchst angenehm gemacht, anstatt, daß ich drey Wochen die traurige Musik ihres Geflügels im Hofe habe anhören müssen.

Fr. Donn. Um Vergebung! die Geschäfte meiner Haushaltung rufen mich. Ich will Ihnen aber gleich meine Tochter schicken Ihnen die Zeit zu vertreiben. (sie ruft) Zussel. (Geht ab.)

Vierter Auftritt.

Mad. Ruyter. Zussel.

Zussel. Ich empfehle mich, Madenwiselle, wie befinden Sie sich?

Mad. Ruyter. Ihre Dienerinn, Jungfer Zuſſel. Kommen Sie, ſetzen Sie ſich, wir wollen ein wenig mit einander plaudern.

Zuſſel. Und wovon?

Mad. Ruyter. Was Sie gerne hören. Von Ihrem herzallerliebſten Herrn Bräutigam.

Zuſſel. O! Sie ſind ſchlimm; wollen Sie mir vielleicht nicht gar gratuliren?

Mad. Ruyter. Im Ernſte, würde es Ihnen unangenehm ſeyn wenn man Ihnen zur Veränderung ihres Standes Glück wünſchte?

Zuſſel. (ſeufzt.)

Mad. Ruyter. Sie ſeufzen! gewiß, Jungfer Zuſſel, ihr kleines Herz hat Geheimniſſ:?

Zuſſel. Und wer hat denn nicht dergleichen? Auch Sie, Mademoiſelle, ſeufzen bisweilen, vielleicht ohne es zu wiſſen.

Mad. Ruyter. Und das haben Sie bemerkt!— Aber aus ganz verſchiedenem Grunde, ich verſichere Sie.

Zuſſel. Ich bin nicht neugierig, Mademoiſelle.

Mad. Ruyter. O! da wären Sie eine Ausnahme von unſerm zarten Geſchlechte; und um

Sie wegen dieser kleinen Lüge zu bestrafen, so will ich die zwote Ausnahme von unserm Geschlechte seyn, und Verschwiegenheit beobachten; sonsten hätte ich Ihnen die ganze Heimlichkeit ihres Herzens vorgeplaudert.

Zussel. Sie, Mademoiselle, die Heimlichkeiten meines Herzens, davon wüsten Sie?

Mad. Ruyter. Ich bin auch eine Ausnahme, ich kann schweigen.

Zussel. O! Mademoiselle, Sie haben mich unruhig gemacht, ich bitte reden Sie.

Mad. Ruyter. Sie sind ja nicht neugierig.

Zussel. Ich war es nicht, aber Sie machen mich so; ich bitte reden Sie: was glauben Sie zu wissen?

Mad. Ruyter. Nichts, als daß ein gewisser junger Herr im rothen Kleide des Tages hundertmal unser Haus vorbey geht, steif in die Fenster guckt, und die Jungfer Zussel bisweilen schwermüthig ist. Sie werden roth, hab' ich's getroffen, reden Sie doch!

Zussel. Das hätte ich mir von Ihnen nicht vermuthet. — Sie schienen allezeit mehr mit ihren eigenen Gedanken beschäftiget zu seyn, als auf die Handlungen andrer Acht zu haben.

Mad. Ruyter. So, Jungfer Zuffel, finden Sie sich vielleicht gar beleidiget? Es thut mir leid, was ich gesagt habe, wir wollen von etwas anders reden.

Zuffel. Nein, liebste Mademoiselle, ich bitte, fahren Sie fort!

Mad. Ruyter. Ich befürchte Sie böse zu machen.

Zuffel. Gewiß nicht, ich versichre Sie.

Mad. Ruyter. Gut denn: um Sie mit einmal zu überweisen, daß ich mehr von ihren Geheimnissen weiß, als Sie wohl glauben, so sehen Sie hier die Quelle aus der ich geschöpft habe. Kennen Sie diese Handschrift?

Zuffel. Um des Himmels willen, wie kommen Sie zu diesem Brief?

Mad. Ruyter. Den haben Sie gestern mit ihrem Schnupftuch aus der Tasche gezogen, und ich habe ihn, zu ihrem Glücke, sorgfältig aufgehoben, ohne daß es jemand gemerkt hat.

Zuffel. O! geben Sie her! Sie haben ihn doch wohl nicht gelesen?

Mad. Ruyter. Ich bin ein Frauenzimmer, und nehme sehr vielen Theil an allem was Sie betrift. Das ist meine ganze Entschuldigung.

Zussel. Ich bitte Sie um alles in der Welt, liebe Mademoiselle, verrathen Sie mich nicht!

Mad. Ruyter. Deswegen können Sie ohne alle Sorge seyn. Da ich aber nun von Ihrem Vorhaben weiß, so ist meine Ehre dabey interessirt Sie davon abzumahnen. Ueberlegen Sie, Jungfer Zussel, was für einen unbesonnenen Schritt Sie im Begriff waren zu thun. Ihre ganze Familie ist in Aufruhr wegen der Wiederkunft eines ungerathenen Bruders, und in dem nemlichen Augenblick wollen Sie Verdruß mit neuen Verdruß häufen, das Haus ihrer Eltern verlassen, und mit einem jungen Menschen in die weite Welt gehen, der vielleicht nichts als seine Liebe hat, Sie zu ernähren und zu beschützen. — Ich bin hier eine Fremde, ein Gast für mein Geld in ihres Vaters Haus. Es kann mir gleichgültig seyn, wenn Sie sich alle einander zu Grunde richten, und das Haus im Feuer aufgeht. Allein, die Rechtschaffenheit, die allgemeine Menschenliebe legt mir das heilige Gesetz auf, kein Uebel geschehen zu lassen, das ich verhindern kann. Ich bin hier in diesem Fall, und ich verschweige ihr Vorhaben unter keiner andern Bedingung, als daß Sie mir versprechen, gänzlich davon abzustehen.

Zussel. O! ich bitte Sie, auf meinen Knien, behalten Sie mein Geheimniß für sich alleine, ich will alles thun was Sie mir anrathen.

Mad. Ruyter. Gut; wer ist denn dieser junge Mensch, der Sie liebt?

Zussel. Er ist Sekretair bey einem unserer Collegien, ein braver, ehrlicher, gutdenkender Mensch.

Mad. Ruyter. Lieben Sie ihn denn? doch die Frage ist wohl unnütz. Lieber sagen Sie mir, wie alt ist ihre Zuneigung?

Zussel. Seyd vier Jahren sind wir bekannt, und lieben einander.

Mad. Ruyter. Warum haben Sie denn ihren Eltern nichts davon entdeckt?

Zussel. Ach! Sie kennen meine Eltern. Sie wissen, daß sie bey Versorgung ihrer Kinder nicht derselben Neigung zu Rathe ziehen. — Die Furcht neuen Verdruß zu stiften hat mich abgehalten.

Mad. Ruyter. Wenigstens hätten Sie es thun sollen, da man Sie mit dem Sohn dieses Advokaten versprechen wollen. Vielleicht hätte Ihnen ihre Freymüthigkeit nicht geschadet. Doch so, wie die Sache nun einmal steht, ist freylich nicht viel daran zu ändern. Können Sie denn diesen jungen Sphynx gar nicht leiden?

Zussel. Ach! ich kann ihn nicht vor Augen sehen. Er möchte meinetwegen der beste Mensch seyn, wenn er nur mich nicht liebte. Doch er liebt mich auch nicht, er kennt mich nicht einmal, sein Vater nur, der liebt den Reichthum meines Vaters.

Mad. Ruyter. So kömmt es mir auch vor. Das ist betrübt, — doch haben Sie guten Muth, und lassen mich Ihre Führerinn seyn; vertrauen Sie sich mir, vielleicht daß — — doch hier kommt der Lieutenant, mein Liebhaber, der mein Portrait mahlt.

Fünfter Auftrttt.

Lieutenant Wernoly, die Vorigen.

Lieut. W. Unterthänigster Diener Mesdames.

Beyde. Ihre Dienerinn.

Lieut. W. Darf ich fragen, wie Sie sich befinden?

Beyde. Zu dienen.

Lieut. W. Ich bitte, meine Frauenzimmer, lassen Sie mich nicht so unglücklich seyn, ihre angenehme Unterredung zu stöhren, sondern wenn es seyn kann, Theil daran nehmen.

Mad. Ruyter. Kleinigkeiten, Herr Lieutenant, die für Sie wenig angenehmes haben würden. Sie wissen schon wie geringe der Vorwurf ist, wenn ein paar Mädgen mit einander schwatzen.

Lieut. W. Kleinigkeiten, Mademoiselle, und besonders Frauenzimmer Kleinigkeiten, sind der Zucker, womit der Himmel die bittre Schaale unsers Schicksals versüßt hat; die Blumen, die eine wohlthätige Hand auf den dornichten Weg unsers Lebens sparsam hingestreut: der sanft erquickende Hauch eines kühlen Abendwindes im angenehmen duftenden Schatten, nach einem unter Arbeit, Last und Sorge verlebten Tage.

Mad. Ruyter. Sie sind gar ein Dichter geworden, wie ich höre!

Lieut. W. Ach! was wird man nicht, wenn

Fritzel von Mannheim.

man öfters das Glück hat in ihrer reizenden Gesellschaft zu seyn. Jungfer Zuſſel, dörfte ich mir einen Schoppen Achter ausbitten?

Zuſſel. So gleich.   (Gebt ab.)

Lieut. W. Hier sehen Sie selbst, was Sie aus mir gemacht haben? es ist ihr Bildniß.

Mad. Ruyter. Fertig? Ja. Und Verse darunter? (liest.)

„ Dies ist das Mädgen, das mich, aus einem Narren in Prose,
„ Zu einem Narren in Verse gemacht.

Ha, ha, ha, ha!

Lieut. W. Bey meiner Seele, schönster Engel, ihre Reize würken so mächtig auf mein ganzes Wesen, daß sie mich metamorphosiren. Ich denke, empfinde und handle ganz anders.

           (Der Keller bringt Wein.)

Mad. Ruyter. Où est Mademoiselle Zuſſel?

Keller. Elle est chez Madame la Principale.

Mad. Ruyter. Dites lui que je la fais prier de venir ici.

Keller. Fort bien.   (Gebt ab.)

Lieut. W. Glauben Sie etwann, ich verstünde nicht französisch, auch das habe ich gelernt, sied dem ich Sie kenne. Warum lassen Sie die Jungfer Zussel rufen? Gönnen Sie mir nicht auf einige Augenblicke das beneidungswürdige Glück, Sie allein zu unterhalten? oder fürchten Sie sich mit mir allein zu seyn?

Mad. Ruyter. Halten Sie sich für gefährlich?

Lieut. W. Nein, meine Göttinn, das sind Sie mir nur. Das Feuer ihrer Augen hat den Zunder meines Herzens entzündet, ich verbrenne, ich vergehe, wenn Sie mich nicht erhören. Wenigstens haben Sie Mitleid, ich liebe, ich verehre Sie, ich bete Sie an. Lassen Sie mir doch die Hoffnung — —

Mad. Ruyter. Sachte, sachte, Herr Lieutenant, wir kommen zu hoch im romanischen Tone. Sehen Sie, daß es nicht gar sicher ist, mit Ihnen allein zu seyn? Sie würden ihre Einbildungskraft endlich zu so gewaltigen Visionen hinaufstimmen, daß ich nicht mehr darauf zu antworten wüste, und mir im ganzen Ernst für ihrem gesunden Verstand bange würde.

Lieut. W. Grausame! Sie scherzen noch mit der Leidenschaft die mich verzehrt — —

Sechster Auftritt.

Lieutenant Flucht, die Vorigen.

Mad. Ruyter. Der kommt für meine Verlegenheit zur rechten Zeit, sonst wäre alles überspannt worden.

Lieut. Fl. Vôtre très humble Serviteur, Mademoiselle! Herr Bruder, wie geht's?

Mad. Ruyter. Ihre Dienerinn, meine Herren. (Geht ab.)

Lieut. Fl. Schon seit einer Stunde suche ich dich, Herr Bruder, und endlich treffe ich dich hier beym Frauenzimmer.

Lieut. W. Ich wollte daß dich das Donnerwetter hundert Meilen von hier geführt hätte, ehe du den unglücklichen Einfall gehabt, mich hier zu suchen.

Lieut. Fl. Ha, ha, ha! du wirst wahrhaftig noch ein vollkommner Liebhaber! haben denn ein paar schwarze Augen, eine blendende Haut, und ein voller Busen so viele Gewalt über dich, daß du deine Freunde und deine Pflichten vergeſſen kannſt? Bey meiner armen Seele, ich bin dem Frauenzimmer auch nicht feind! Ich liebe alle Schönen ohne Ausnahme, und wenn es nach meinem Kopfe gienge, ſo müßte keine dienen, alle müßten befehlen: nemlich ſo lange ſie ſchön wären. Aber feſſeln laß ich mich nicht, ſeufzen kann ich nicht, am allerwenigſten aber für eine Schöne im Wirthshauſe, deren Reize mir doch immer verdächtig vorkommen.

Lieut. W. Dein leichtſinniges Gewäſche zeigt von dem Verderbniß deines Herzens, und deines Geſchmacks. Lerne die Tugend verehren.

Lieut. Fl. Ha, ha, ha! Tugend! in eine Unbekannte im Wirthshauſe! Hör, Bruder, das Wort Tugend iſt mir immer ſehr zweydeutig vorgekommen, und ich bin noch mit mir ſelbſt nicht recht eins, ob ich eine glauben ſoll oder nicht. Sie aber in einem gereißten Frauenzimmer ſuchen, das heißt vollends ein Schwärmer werden. Geh, du laufſt ſpornſtreichs dem Tollhauſe zu. Ich bedaure dich herzlich. Wer iſt ſie denn? Kennſt du ſie?

Lieut.

Lieut. W. Ich weiß nur daß sie schön, tugendhaft und vermögend ist.

Lieut. Fl. Das lezte zeigen ihre Juwelen, und die richtige Bezahlung ihrer Zeche: im übrigen glaube ich, daß sie weiter nichts, als eine sehr liebenswürdige Sünderinn ist.

Lieut. W. Was du glaubst, und was du denkst, ist von sehr geringer Bedeutung.

(Der Keller bringt Wein für den Lieutenant Flucht, und bleibt bey ihnen; sie trinken während dem Reden.)

Lieut. Fl. Wenn sie das nun wäre, spielst du denn nicht eine sehr alberne Rolle, wenn du mit einem Frauenzimmer so viel Umstände machst, das vielleicht nur hieher gekommen ist, ihre eroberte Beute an den Mann zu bringen, und einen Leichtgläubigen in ihr Garn zu locken?

Lieut. W. Wenn sie ein Schatten von dem wäre, was du nach deiner leichtsinnigen Denkungsart sie zu seyn glaubst, siehe, Bruder, den Augenblick würde ich sie fliehen, und mich schämen jemals einen ernsthaften Gedanken ihrentwegen gehabt zu haben. Ich hasse alles sogenannte galante Frauenzimmer.

Lieut. Fl. Da hätteſt du wieder Unrecht. Du verfällſt von einer Extremität auf die andre. Ich mag für eine, die ſpröde und tugendhaft ſeyn will, nicht ſeufzen. Allein, eine liebenswürdige Sünderinn von feinem Wuchſe, ſanfter Stimme, feurigem Blicke, die Witz, Geſchmack, Kenntniſſe, Talente, feine Lebensart, kurz, tauſend Reize beſitzt, die ſelbſt auf ihre Sünden einen ſanften Schatten werfen, o! Bruder, eine ſolche verdient meiner Meinung nach tauſendmal mehr verehrt zu werden, als eine ſpröde und auf ihre Tugend ſtolze Schönheit.

Lieut. W. Geh, du biſt weiter nichts, als ein verderbter Wohllüſtling.

Siebenter Auftritt.

Donnerſtag, die Vorigen.

Donnerſtag. Keller, geh er nach Numero Sieben, der geiſtliche Herr hat geſchellt.

Keller. Die Frau Principalinn hat mir befohlen hier zu bleiben.

Donnerſtag. Ich habe zu befehlen, ich bin Herr im Hauſe, geh er nach Numero Sieben zum geistlichen Herrn) (Keller geht ab.) Ergebenster Diener, meine Herren.

Lieut. Fl. Ihr Diener, Herr Donnerstag, gratulire auch zu der glücklichen Ankunft ihres Sohnes.

Donnerstag. Daß sich Gott erbarme! Kreuz und Elend genug! danken Sie Gott, meine Herren, daß Sie keine Kinder haben.

Lieut. Fl. Gehen Sie; Sie sind ein harter Mann; Sie tragen vielleicht ein Stück Korkholz anstatt eines Herzens im Busen; einem Sohne, der zwölf Jahre abwesend gewesen, das Haus verbieten lassen! Ich müßte nicht ihr Sohn seyn, ich schmisse Ihnen heute Abend noch ein paar Pechkränze aufs Dach.

Lieut. W. Recht, Bruder! — Eine Schande ist es sein väterliches Herz vor seinen Kindern zu verschliessen.

Donnerstag. So wie man unterrichtet ist, so urtheilt man. (Geht langsam ab.)

Lieut. Fl.. Gut, daß du gehst! Alter geiziger Tuckmaiser, Eselspatron. Ich hätte grosse Lust dir deine alte Herbstperücke auszukämmen.

Lieut. W. Adieu, Bruder, ich habe Geschäfte.

Lieut. Fl. Warte, ich gehe mit, (trinken aus und gehen ab.)

Achter Auftritt.

Gasthaus zum Könige von Engelland.

Fritzel. Mohr.

Fritzel. Hast du mich recht verstanden, Jantje?

Mohr. Ja, Herr.

Fritzel. Der Schulmeister wird wohl zu erst kommen, den wollen wir prellen; die Lust zu examiniren soll ihm auf Zeitlebens vergehen. — Ich höre jemand, geschwinde auf deinen Posten. (Mohr geht ab.)

Neunter Auftritt.

Fritzel, Herz, hernach der Mohr.

Fritzel geht mit dem Stock in der Hand auf und ab; der Schulmeister kömmt mit starken Schritten herein, geht bis in die Mitte des Saals, stutzt auf einmal, tritt zurück, nimmt seinen Hut ab, macht eine tiefe Verbeugung und sagt:

Herz. Ihr Gnaden — — —

Fritzel von Mannheim.

Fritzel. Ich bin kein Edelmann, mein Freund.

Herz. Sie verzeihen, mein Herr!

Fritzel. Sie haben mich ja noch nicht beleidiget.

Herz. (bey Seite) Das ist ein wunderlicher Kopf. (laut) Nehmen Sie es mir nicht übel — —

Fritzel. Was sind Sie willens?

Herz. (bey Seite) Der läßt einem gar nicht zur Rede kommen. (laut) Mein Herr, ich bin der Präceptor — —

Fritzel. Da sind Sie etwas.

Herz. Von der lieben Jugend zu Mannheim.

Fritzel. Von der vierfüßigten oder zweyfüßigten Jugend, mit oder ohne Federn?

Herz. (bey Seite) Ich glaube der ist nicht richtig im Kopf. (laut) Ich suche hier — —

Fritzel. Beantworte er erst meine Frage, ich brauche auch so ein Stück von einem Präceptor; was unterrichtet er für Jugend?

Herz. Christliche Jugend — —

Fritzel. Worinnen — —

Herz. Im Buchstabiren, Lesen, Schreiben, Latein — —

Fritzel von Mannheim.

Fritzel. Buchstabire er mir einmal das Wort Hewtontumorumenos.

Herz. (bey Seite) Das ist ein verzweifelter Kerl!

Fritzel. Nun, (geht ihm näher auf den Leib) ich frage ob er buchstabiren will.

Herz. Ey, mein Herr, ich bin nicht hier um zu buchstabiren.

Fritzel. Ich frage nicht warum er hier ist; ich will er soll buchstabiren.

Herz. Sie werden mich doch nicht zwingen zu buchstabiren!

Fritzel. Ich wohl nicht, aber meine dienstbare Geister.

Herz. (bey Seite) Ey, zum Henker, wie führt mich der Teufel zu dem Narren!

Fritzel. (Macht mit seinem Stock Zauberzeichen in die Luft.)

Herz. (bey Seite) Ich glaube gar, ich bin hier beym Teufelsbeschwörer!

Fritzel. Zum leztenmale, will er buchstabiren. Hewtontumorumenos?

Fritzel von Mannheim.

(Während dieser Zeit hat sich der Mohr hinter dem Schulmeister geschlichen, und in dem Augenblick, wo dieser ausreissen will, hält er ihn von hinten feste.)

Herz. Was habe ich zu buchstabiren? (will ausreissen.)

Mohr. Halt, du bist mein!

Herz. (Fällt auf die Knie da er den Mohren gewahr wird.) Ach gnädiger Herr Teufel!

Fritzel. Schneid ihm Nase und Ohren ab, binde ihm Hände und Füsse, und führe ihn nach den Dardanellen, um die Hottentotten hinter Jerusalem buchstabiren zu lehren.

Herz. Großmächtiger, hochschwarzer Herr B:elzebub! ich will ja gerne buchstabiren.

Fritzel. Nun so buchstabire Hewtontumorumenos.

Herz. (buchstabirt) He, he, t, o, n, tu, Hewtototu &c. Ach Ihr Gnaden, Herr Teufel!

Fritzel. Wie viel sind Partes orationis?

Herz. Zwölfe.

Fritzel. Wie heissen sie?

Herz. Januarius, Februarius, Merz ꝛc. —

Fritzel. Wohl, du bist vortreflich für die hottentottische Jugend, (winkt seinem Mohren der dem Schulmeister mit einem Schnupftuch die Augen verbindet.) Nur fort nach den Dardanellen; morgen soll deine Frau bey dir seyn, sonst wärest du nicht recht verdammt.

Herz. O weh! Ihr Gnaden, das ist zu viel.

Fritzel. Wenn er weiter redet, so schnür ihm den Hals zu.

(Er winkt, man bringt eine Sänfte, setzt den Schulmeister hinein; und trägt ihn fort. Fritz redet heimlich mit den Trägern.)

Fritzel. Geschwinde Jantie, meine borbirte Kleider. (Der Mohr bringt ein besetztes Kleid, ꝛc.) Das war vortreflich gemacht, Jantie, wenn der Advokat nur auch schon so abgefertiget wäre!

Mohr. Wenn's nicht anders ist, werfen wir ihn zum Fenster hinaus.

Fritzel. Nein, das läßt sich nicht thun: wir sind hier nicht in Batavia. Doch es kömmt jemand.

Zehnter Auftritt.

Sphinx, die Vorigen.

Sphinx. Ergebenster Diener, mein Herr, (stutzt, und tritt zurück, Fritzel spazirt auf und ab.) (bey Seite) Das kann er unmöglich seyn. (laut) Mein Herr, ich bitte um Vergebung, ich suche hier einen Fremden.

Fritzel. Ich bin selbst fremde, mein Herr.

Sphinx. Logirt nicht hier jemand der sich Donnerstag nennet?

Fritzel. Das weiß ich nicht. Fragen Sie meinen Bedienten.

(Sphinx redet den Mohren an, der über die Bühne geht.)

Sphinx. Mein schwarzer Freund, kann er mir nicht sagen, wo ich Fritzel Donnerstag treffe?

Mohr. Nein, den kenne ich nicht.

Sphinx. So! er soll doch hier im Hause logiren.

Mohr. Das weiß ich nicht.

Sphinx. Ist dieser dorten seine Herrschaft?

Mohr. Ja.

Sphinx. Wer ist der Herr?

Mohr. Graf Echo aus Flandern.

Sphinx. Ich danke für die Bemühung; (Will gehen.)

Mohr. Erlauben Sie daß ich Sie auf etwas frage. Sind Sie aus Mannheim?

Sphinx. Ja.

Mohr. Wohnhaft in der Stadt?

Sphinx. Ja.

Mohr. Könnten Sie mir nicht einen Rechtsgelehrten anweisen, dem daran gelegen seyn möchte, fünfzig Carolinen für eine sehr kleine Bemühung zu gewinnen?

Sphinx. Fünfzig Carolinen!

Mohr. Ja, zum voraus bezahlt, und in einer Stunde verdient, wenn Sie mir einen Mann schaffen können, der verschwiegen und Advokat in allem ist.

Sphinx. Hem! hem! (nach einigem Bedenken) mein Freund, wenn es weiter nichts erfodert, als verschwiegen und Advokat zu seyn, so bin ich der Mann.

Mohr. Unvergleichlich! gnädiger Herr, hier haben wir gefunden, was wir suchen. Der Herr

Fritzel von Mannheim.

ist Advokat zu Mannheim, und bereit Ihnen zu dienen.

Fritzel. Ihr Diener, mein Herr, wie ist Ihr Name?

Sphinx. Sphinx zu dero Befehl.

Fritzel. Fänden Sie sich wohl aufgelegt, mir gegen eine ansehnliche Belohnung, eine kleine Gefälligkeit zu erweisen?

Sphinx. Wenn es in meinem Vermögen ist, und ohne einen Nachtheil geschehen kann, warum nicht?

Fritzel. Hier sind fünf und zwanzig Carolinen, die Sie bloß für die Unternehmung haben sollen, selbige falle nach meinem Wunsche aus oder nicht. Gelingt es uns aber, und ich erreiche meinen Zweck, so gebe ich Ihnen noch fünfzig oben darauf.

Sphinx. Darf ich fragen, worin besteht Ihre Sache?

Fritzel. Ein Anderer würde Verschwiegenheit von Ihnen fordern, ich will den Weg gehen, den die Herren Advokaten gerne haben, ich will die Verschwiegenheit die ich verlange erkaufen, und zum voraus baar bezahlen, hier haben Sie eine goldene Uhr, daß Ihre Zunge binden soll, im Fall Sie sich nicht getrauen meine Sache zu unternehmen.

Sphinx. Sie erzeigen sich so grosmüthig, daß ich Ihnen unmöglich etwas abschlagen kann, wenn es anders nur nicht wieder die Unmöglichkeit streitet?

Fritzel. Gar nicht. Nunmehro darf ich also ohne Scheu von gewissen Dingen deutlich mit Ihnen reden, die man sonst den Leuten nur verblümt und in die Ferne merken läßt?

Sphinx. Ich verstehe Sie?

Fritzel. Ihr Gewissen rechnen Sie also nicht mit unter die Unmöglichkeiten, von denen Sie erst reden?

Sphinx. (lächelnd) Ihr Gnaden haben so vortrefliche Mittel dergleichen Unmöglichkeiten zu heben, — daß wenn nur keine gar zu grosse Gefahr — —

Fritzel. Gar keine — — zum Zwecke. — — Die ganze Sache betrift zwischen mir und einer andern Person, die just eben auch hier in Mannheim ist, einen Contrakt aufzusetzen, durch den der eine Theil völlig und unausstößlich gebunden wird, ich hingegen frey bleibe den Contrakt aufzuheben wenn es mir gefällt. Lesen Sie diesen Entwurf. Sie werden meine Absicht einsehen. Es fehlet weiter nichts als daß er von einem geschickten Advokaten umgearbeitet und mehr auseinander gesetzt wird.

(Während der Advokat liest, sprechen Fritzel und sein Mohr mit einander durchzeichen.)

Sphinx. Fein ausgedacht — völlig richtig — das verstehe ich ganz wohl, allein ich begreiffe nur halb, wie ich Ew. Gnaden dabey dienen kann.

Fritzel. Sind Sie nicht auch Notarius?

Sphinx. Doctor utriusque Juris, Notarius publicus immatriculatus Cæsariensis.

Fritzel. Wohl dann; wäre ein solcher Contrakt nicht gültig.

Sphinx. Freylich. — Allein er ist es von beyden Seiten, wenn ich als Notarius dabey erscheine.

Fritzel. Sie sollen dabey als Notarius erscheinen, und auch nicht erscheinen.

Sphinx. Jetzt verstehe ich Sie wieder nicht.

Fritzel. Ich will mich erklären. — Sie gehen mit mir zu diesem Freund, nicht, als Advokat oder Notarius, sondern als Schiedsrichter, als Freund von beyden Theilen. Ich gebe Sie für einen Hauptmann aus, Sie setzen den Vertrag auf, und geben dabey einen Zeugen ab. So bald es geschehen, ziehen Sie die Uniform aus, werden wieder Notarius, haben fünf und siebenzig Carolinen und eine goldene Uhr verdient, und wir — wir verlassen eine Stunde darauf Mannheim.

Sphinx. Ich verstehe.

Fritzel. Haben Sie etwas dawieder einzuwenden?

Sphinx. (In Gedanken) Nichts.

Fritzel. Keine Zeit ist zu verliehren. Jantje meine Uniform. (Jantje bringt die Uniform, Hut, Stock und Degen, sie kleiden den Advokaten um: es versteht sich daß alle diese Kleidungsstücke dem Advokaten nicht passen, besonders ein ungeheurer Degen.) Jantje geschwinde eine Sänfte. Ich werde Sie den Augenblick auf dem Fuße folgen. Hier haben Sie die fünf und zwanzig Carolinen. — Ziehen Sie die Vorhänge der Sänfte feste zu, damit Sie niemand auf der Gasse erkennt. — Ich

Fritzel von Mannheim.

werde Sie in's Haus und bis vor die Stube tragen lassen. (Die Sänfte kömmt, der Advokat wird eingepackt und davon getragen.)

Fritzel. So, der wäre auch abgefertiget. Die Sänftenträger werden sie ein paarmal die Stadt herum tragen. Jetzt, komm, Jantie, zu einem andern Geschäfte.

Eilfter Auftritt.

Der Schauplatz ist das Gasthaus des Donnerstags.

Donnerstag, Mad. Ruyter.

Mad. Ruyter. Sie müssen doch wahrhaftig einen bösen Buben an ihrem Sohn gehabt haben, da Sie gar nicht zu erweichen sind?

Donnerstag. Ein Ausbund aller Streichmacher. — Kein Tag gieng vorbey, da nicht neue Klagen über ihn einliefen. Bald hatte er die Laternen eingeworfen, die ich denn bezahlen muste: bald seinem Schulmeister die Perücken verbrannt, dem ich auch für sieben Kopfstück eine neue kauffen müssen. Dem wieder seine Hüner die Beine entzweygeschlagen. — Kurz, da wäre kein Ende, wenn ich Ihnen alles erzehlen wollte.

Mad. Ruyter. Erlauben Sie mir aber, Herr Donnerstag, alles dieses sind Dinge von keiner grossen Erheblichkeit. — Ihr Sohn kann deßfalls im Grunde doch den besten Charakter gehabt haben. Ich meine ein gutes Herz, einen offnen Kopf, viel Fähigkeit —

Donnerstag. Ja, ein schlauer Vogel war er: er wuste auf alles eine Antwort. Keine Anklage gegen die er sich nicht zu rechtfertigen wuste — Er reformirte alles in meinem Hause. Seinen Schulmeister haßte er wie den Teufel, das war ihm ein unwissender blödsinniger Kopf, und meinem Herrn Gevatter war er spinnefeind; den hieß er nur den Rechtsverdreher. Ich wollte mit Gewalt er sollte das Kieferhandwerk lernen, um dereinst meine Wirthschaft über sich zu nehmen, allein ich hätte ihn eben so leichte in die Hölle als in den Keller führen können. — Da saß er auf seiner Stube und krizelte, und maaß, und mahlte Fekungen an die Wand, und wenn er das müde war, lief er auf die Casernenplätze, um die Rekruten exerciren zu sehen. — Kurz, ein Tagedieb, ein Müßiggänger, aus dem nichts gutes zu ziehen war.

Mad.

Fritzel von Mannheim.

Mad. Ruyter. (sehr bedächtig) Herr Donnerstag, die Beschreibung die Sie mir da von Ihrem Sohne machen, bringt mich auf wunderliche Gedanken — fast sollte ich glauben — die Schuld läge nicht allein auf seiner Seite — doch, wie ist er von Ihnen weggekommen?

Donnerstag. An einem Frühlingsmorgen, ich glaube es war der erste May, kam ich in sein Zimmer ihn zu wecken, daß er mir einige Fässer ausputzen helfen sollte. Allein, der Vogel war ausgeflogen, und auf dem Tische lag ein Brief, mit der Aufschrift — an meine liebe Eltern.

Mad. Ruyter. Wunderlich — — Und was sagte er in diesem Brief?

Donnerstag. Ich erinnere es mich nicht recht mehr. So viel weiß ich, daß er recht grob Abschied nahm. Meine Frau hat den Brief aufgehoben.

Mad. Ruyter. Lieber Herr Donnerstag, ich bin sehr neugierig den Brief zu lesen, machen Sie mir doch das Vergnügen!

Donnerstag. Ey, ich will ihn holen, wenn Sie befehlen. (Geht ab.)

Zwölfter Auftritt.

Lieut. Werndly. Mad. Ruyter, hernach Donnerstag.

Lieut. W. Unterthänigster Sklave, schönstes Frauenzimmer, ist es möglich was ich gehört? Sie wollen morgen verreisen! Sie setzen mich in Verzweiflung!

Mad. Ruyter. Nein, Herr Lieutenant, da sind Sie unrecht berichtet.

Lieut. W. O! Sie geben mir das Leben wieder!

Mad. Ruyter. Sondern diesen Abend noch.

Lieut. W. O! jezt scherzen Sie mit ihrem Diener!

Mad. Ruyter. Ich habe dazu keine Ursache, es ist mein Ernst.

(Donnerstag kömmt mit dem Brief.)

Donnerstag. Hier, Mademoiselle lesen Sie, lesen Sie selbst; ich empfehle mich, Herr Lieutenant.

Mad. Ruyter. (liest:) „Liebe Eltern, ich „verlasse ein Haus, in dem ich keinen Freund „finde. Mein Vater zwingt mich zu einem Ge„schäfte, zu dem ich mich nicht gebohren fühle. —

„ Er hat nichtswürdige Tölpel und Betrüger zu
„ seine Freunde gewählt; sie schwellen ihn mit
„ Vorurtheilen gegen mich auf, die ich unmög-
„ lich bestreiten kann. Ich bin hier allen im
„ Wege, und alles hindert hier die fernere Ent-
„ wickelung dessen, was ich in mir fühle. Mein
„ längerer Aufenthalt wäre mein Untergang.
„ Leben Sie wohl, Gott vergelte Ihnen alles,
„ auch das Gute was Sie mir haben thun wol-
„ len, eben so sehr als wenn ich es würklich ge-
„ nossen hätte. „

Fritzel Donnerstag.
Und was finden Sie da grobes darinnen? Sie
wollten ihn gegen seine Neigung zwingen ein Kie-
fer zu werden: da hatten Sie gar sehr Unrecht. —
Erlauben Sie, Herr Donnerstag, die Schuld
liegt auch, und wie ich befürchte, gröstentheils
an Ihnen. Warum liessen Sie ihn nicht Soldat werden, wenn er so grosse Lust, und so viele
Anlage zu diesem Stande blicken ließ — Sie — —

Dreyzehnter Auftritt.

Lieut. Flucht, die Vorigen.

Mad. Kuyter. Sie hätten sich dadurch die

len Verdruß ersparen und doch einen rechtschaffenen Mann aus ihm ziehen können.

Donnerstag. Soldat! — — mein Sohn ein Soldat werden. — Lieber hätte ich ihn in der Wiege erdrosselt. — Mein Sohn ein Soldat werden! — ich möchte ersticken vor Zorn — —

Lieut. Fl. Was raisonirt das Perückenmännchen da vom Soldatenstande? — Gelt! Wein- und Bierlümmel sind die nöthigen Menschen in der Welt!

Lieut. W. Wahrlich, Herr Donnerstag, die ganze Stadt hält sich über ihr Verfahren auf. Gehen Sie in sich. Brauchen Sie ihre Vernunft.

Donnerstag. Die Herren haben alle beyde gut schwätzen, wenn Ihnen ein Sohn so behandelt hätte wie mir der Meinige, und Sie so viel gekostet hätte — —

Mad. Ruyter. Und was hat Sie ihr Sohn gekostet, lassen Sie hören?

Donnerstag. Ueber tausend Gulden, wenn ich alles rechne.

Mad. Ruyter. Kleinigkeit, — er ist vielleicht hundert tausend werth. — Ich kenne ihn nicht anders, als nach dem schönen Begrif, den Sie

Fritzel von Mannheim.

selbst mir von ihm gemacht haben, — Sie erzürnter und hartherziger Vater — und doch gefällt mir das Gemälde so wohl, daß ich zehn tausend für ihn geben möchte. Top! wollen Sie mir ihn für diesen Preiß überlassen? Ich möchte so einen Mann haben.

Donnerstag. Ey, Mademoiselle, Sie belieben zu scherzen!

Mad. Ruyter. So erzürnt, wie Sie auf ihren Sohn sind, so sehr bin ich in ihn verliebt. Hier, die Herren sollen Zeugen unsers Handels seyn. Ich biete zehn tausend Gulden, und um meinen Worten Gewicht zu geben, so nehmen Sie diesen Geschmuck, der zweymal die Summa werth ist, zum Pfande meines Anerbietens.

Vierzehnter Auftritt.

Frau Donnerstaginn, Jungfer Zussel, die Vorigen.

Fr. Donn. Was ist's? Was giebt's? ich glaubte hier wäre Streit.

Donnerstag. Du kommst eben recht, wir sind in einem Handel begriffen, der ohne dem ohne dich nicht geschlossen werden kann.

Fr. Donn. Was für einen Handel denn?

Donnerstag. Ich und du, die Mademoiselle und Fritzel sollen einen Handel mit einander schliessen.

Fr. Donn. Du bist nicht gescheid, oder auch zu oft im Keller gewesen.

Mad. Ruyter. Hören Sie mich an, Madame ich will Ihnen das Räthsel auflösen. Sie haben einen Sohn, der Ihnen keine Freude macht. Sie legen ihm alle Untugenden zur Last, die nur ein ungerathener Sohn haben kann. Mit allem dem gefällt mir die Beschreibung von ihm doch so wohl, daß ich ihn kaufen möchte. Ich biete zehn tausend Gulden dafür. Wollen Sie mir ihn für diesen Preiß überlassen? Was sagen Sie dazu.

Fünfzehnter Auftritt.

Frau Herzinn, die Vorigen.

Fr. Herz. Sie nehmen nicht ungütig, Frau Donnerstaginn, ich habe mich erkundigen wollen, wo mein Mann geblieben ist, seitdem Sie ihn rufen lassen, ist er nicht wieder nach Hause gekommen.

Fr. Donn. Das weiß ich nicht; der Herr Schulmeister ist hier auch nicht wieder gewesen.

Sechszehnter Auftritt.

Der Keller, der Mohr, die Vorigen.

Keller. Frau Principalin, hier ist ein Mohr.

Mohr. Madame zwey asiatische Prinzen wünschen bey ihnen zu logiren, wenn Sie Zimmer leer haben.

(Alle sehen sich verwunderungsvoll einander an.)

Fr. Donn. Wo sind sie?

Donnerstag. Zwey asiatischen Prinzen!

Lieut. Fl. Zwey Prinzen!

Lieut. W. Aus Asien!

(Der Mohr übergiebt dem Donnerstag einen Brief und geht ab. Zwey Sänften werden auf's Theater gebracht, aus der ersten kommt Herz der Schulmeister mit verbundenen Augen.)

Siebenzehnter Auftritt.

Herz, die Vorigen.

Herz. O Himmel! in die Dardanellen verdammt! (er nimmt das Schnurftuch ab und wird seine Frau gewahr.) Bist du auch schon in die Dardanellen! das hat mir der Teufel geweissagt daß du nicht lange aussenbleiben würdest, sonst wäre ich nicht recht verdammt gewesen.

Fr. Herz. Behüte uns Gott! mein lieber Mann ist närrisch!

Fr. Donn. Herr Präceptor, was ist ihnen?

Herz. Sie auch, auch in die Dardanellen!

Donnerstag. Um des Himmels Willen, Herr Präceptor!

Herz. Sie auch, alle verdammt! das haben wir am Fritzel verdient!

Fr. Herz. (Die ihren Mann um den Hals fällt.) Ach mein lieber Mann, wo hast du deinen Verstand gelassen!

Herz. Ja, du kommst mir recht, wir sind hier in den Dardanellen, die Hottentotten buchstabiren zu lehren.

  (Der Advokat Epbiur kömmt aus der andern
   Sänfte, man führet ihn vorne an der
   Bühne; alle stellen sich um ihn herum.)

Achtzehnter Auftritt.

Sphinx, die Vorigen.

Lieut. Sl. Was Teufel haben wir hier, ha, ha, ha!

Donnerstag. Ach, Herr Gevatter, was ist das!

Lieut. W. Zum Henker, der Advokat in einer Uniform! ha, ha, ha!

Herz. Willkommen in den Dardanellen, alle willkommen!

(Während dieser Zeit lauft der Schulmeister wie närrisch herum.)

Donnerstag. (zu seiner Frau.) Was bedeutet das alles?

Fr. Donn. Weiß ich's. Ich sehe nur daß der Schulmeister den Verstand verlohren, und unser Gevater Soldat geworden ist.

Donnerstag. Das kann unmöglich mit Rechten zugehen!

Lieut. Sl. Es ist doch nicht Carnevall! ha, ha, ha!

Lieut. W. (zum Advokaten.) Wie kommen Sie zu dieser Montur?

Sphinr. Ich wollte daß mich ein Sturmwind führte — hin — wo sich der Schulmeister denkt!

Fr. Herz. Ach, mein lieber Mann, komm doch zu dir selbst, was ist mit dir vorgegangen?

Herz. Der Teufel hat mit gezwungen zu buchstabiren, und nach den Dardanellen geschickt.

Fr. Donn. Was schwätzt er? Er ist ja hier bey uns im Hause!

Herz. Was! ich wäre nicht in den Dardanellen!

Fr. Donn. Was, Dardanellen! Er ist hier, sag ich ihm.

Herz. Hier in Mannheim?

Fr. Donn. Ja, ja doch. Gewiß hat ihn jemand zum Narren gehabt.

Herz. Und ich müsse nicht hin, die Hottentotten buchstabiren zu lehren!

Fr. Donn. Was Hottentotten! er ist hier in meinem Hause. Ein loser Vogel hat ihm vielleicht was weiß gemacht.

Herz. (beschämt) Da wäre! Ey, ey, ey!

Lieut. W. (zum Advokaten) Wollen Sie uns einmal das Räthsel auflösen?

Sphinr. Ich werde selbst noch nicht recht klug daraus; ich sehe wohl, daß man den Schulmeister zum Narren gemacht; daß man aber auch mich zum Besten gehabt, kann ich nicht glauben. Der Spaß käme zu theuer. Sehen Sie hier. (Zieht die Uhr aus dem Sack, und hält sie ans Ohr.) Sie geht nicht? (Er versucht vergebens sie zu öffnen.)

Lieut. W. Geben Sie her! (Oefnet die Uhr.) Da ist nichts als ein Gehäuß ohne Werk!

Sphinr. O weh! jezt ist mir für die fünf und zwanzig Carolinen bange! ich bin angeführt! der verfluchte Betrüger! könnt ich mich doch izt in den Erdboden verkriechen.   (Alle lachen.)

Fr. Donn. Wo ist denn der Mohr geblieben?

Donnerstag. (Der sich allenthalben umsieht.) Der ist weg. Er gab mir dieses Papier, ehe er gieng. Lies es Frau!

Fr. Donn. Lies du es selbst.

Donnerstag. Ich habe meine Brille nicht bey mir. Lesen Sie es doch, Herr Lieutenant!

Lieut. W. (liest) „Hier schicke ich Ihnen „zwey Nichtswürdige; einen Schulmeister der „fürs Tollhaus reif ist, und einen Advokaten der

„für's Geld alle Augenblick bereit ist, ein Schelm
„zu werden. Den Beweis finden Sie an seiner
„Kleidung, die er, um die gröbsten Betrügereyen
„auszuüben anzog. Wie können Sie solches Un-
„geziefer zu ihren Vertrauten machen, und ihr
„Haus vor ihrem Sohn verschliessen."

Fritzel Donnerstag,
Capitain unter den Truppen der hol-
ländisch ostindischen Compagnie.

Herz. Der Fritzel!

Donnerstag. Der Fritzel!

Fr. Donn. Der Fritzel!

Sphinx. Verdammter Bösewicht, das soll er entgelten!

Herz. Was! der Fritzel wäre es gewesen! Warte nur, das soll dir übel bekommen, die Gemüthlichkeit zum Besten zu haben! ich werde mich zu rächen wissen.

Sphinx. (zum Donnerstag) Herr Gevatter, hier sehen Sie neue Aufzüge einer andern Gattung von ihrem gottlosen Sohne. Der verruchte Bösewicht — —

Mad. Kuyler. (zum Advokaten) Unglücklicher, (reißt dem Schumeister die Perücke ab, und wirft sie

Fritzel von Mannheim.

dem Advokaten ins Ge ch.) — Niederträchtiger — (geht auf ihn zu, der Advokat stellt sich zur Wehr, Lieutenant Werublin hält ihn zurück.)

Lieut. W. Halt, oder — — —

Herz. (der seine Perücke wie erblickt.) Die ist auch in den Dardanellen gewesen. Eine Furie! — —

Mad. Ruyter. (zum Advokaten.) Du Abscheu, teuflischer Verläumder — deine Larve ist heruntergerissen, und da stehst du wie die Statua der Schande! verbirge dich vor den Menschen, kriech in die Eingeweide der Erde — Niederträchtiger. — Siehe in mir die Frau des rechtschaffenen Mannes, der durch deine verfluchte Anstiftungen — —

Donnerstag. Was! was! was! Sie wären — — —

Mad. Ruyter. Ja, mein Herr, ich bin die Frau ihres Sohnes.

Donnerstag. Meines Fritzel, von dem hier die Rede ist?

Mad. Ruyter. Ja, ihres rechtschaffenen Friederichs, der den Augenblick hier seyn wird.

Herz. Was! der Fritzel kömmt, da ist der Teufel nicht weit: da bleib ich nicht; ich muste sonst wieder buchstabiren. (Geht ab mit seiner Frau.)

F. Donn. O! Himmel was höre ich!

Do nerstag. Wunder über Wunder!

Mad. Ruyter. Sind Sie mit seiner Wahl zufrieden?

Donnerstag. O Gott, lassen Sie mich zu mir selber kommen, Herr Lieutenant träume ich oder bin ich würklich wachend?

Lieut. W. Ich wünsche selbst, ich könnte erwachen.

Lieut. Fl. Herr Bruder, allem Anschein nach, ist die Laufbahn deiner Liebe hier zu Ende.

Lieut. W. (sehr ernsthaft) Wer von uns beyden hat am mehrsten Ursache sich zu schämen, ich, der ich die Tugend verehrte, oder du, der du dem Laster das Wort geredet?

Lezter Auftritt.

Fritzel, die Vorigen.

Donnerstag.
Fr. Donn. } Ha mein Sohn! (laufen beyde in seine Armen.)

Sphinx. O! jezt ein Donnerschlag ihre Freuden zu stören!

Fritzel. Meine Eltern! — mein Vater, meine Mutter! — wehmüthige Empfindungen beun-

men meine Sprache — die Natur behauptet ihre Rechte — mein Herz ist Ihnen längst mit allen diesen seligen Empfindungen entgegen gewallt — doch ihre Vorurtheile — böse Menschen —

Donnerstag. Ach! mein Sohn! was kann dir ein Vater sagen! — ich bereue — es ist mir leid —

Fritzel. Stille, genug, mein Vater, — dies einzige Wort — der Gedanke nur überwiegt millionenmal alle meine Klagen.

Donnerstag. Nein — laß mich ausreden, meinem Herzen Luft machen — ich ersticke sonst, ich bereue — beweine dich so lange verkannt zu haben —

Lieut. W. Wischt sich die Augen.

Lieut. Fl. Ich glaube gar du wirst auch weichmüthig?

Lieut. W. Weh dem Auge, das bey solchen Auftritten trocken bleibt — ich bin ein Mensch —

Fr. Donn. Diese Freude ist meinem Herzen so neu, und doch — wir hätten sie längst geniessen können — wenn nicht ein Ungeheuer — —

Sphinx. Das gilt mich!

Fritzel. Meine Schwester — du wärest bald vergessen worden — mein Herz ist so voll — —
(Umarmt sie.)

Donnerstag. (zum Abtrünnigen) Bist du Höllenbrand noch hier! — Packe dich aus meinem Hause — verbirge dich den Augenblick der Sonne — Schande, Verachtung und dein eignes Gewissen sey deine Hölle. (Sphinx geht ab.)

Mad. Kuyier. Und ich, verdiene ich nicht ihre Freuden zu theilen?

Fr. Donn. Vergeben Sie, wir sind trunken von angenehmen Empfindungen.

Mad. Ruyter. Doch, freuen Sie sich nur, ich freue mich doppelt bey ihrer Freude — denn freue ich mich erst recht, wenn ich eine ganze Familie sehe, die sich für Freude nicht fassen kann. Doch hier ist noch jemand deren Freude auch vollkommen seyn muß. Jungfer Zussel!

Donnerstag. Du, mein Kind, verliehrst deinen Bräutigam, ich will dich durch den Sohn eines Ungeheuers nicht unglücklich machen — der Himmel wird schon für dich sorgen — — —.

Mad. Ruyter. O! es ist schon längst gesorgt!

Fritzel. Meine Schwester, ich weiß von deiner Neigung, und wenn dein Liebhaber deiner würdig ist, so zehle auf meinen Beystand.

Mad. Ruyter. Nun, Herr Lieutenant, wie auf einmal so still.

Lieut. W. Ich gratulire von Herzen —

Mad. Ruyter. Würklich? von Herzen? Erinnern Sie sich noch?

„Dies ist das Mädgen, das mich, aus &c.

Lieut. W. Madame, ich bitte — —

Mad. Ruyter. Nun ja Herr Lieutenant, wenn ich Sie gleich sonst nicht erhören kann, so will ich doch ihre Freundinn seyn, und gewiß recht stolz thun, die Freundschaft, und die Hochachtung eines Mannes von Ehre und Rechtschaffenheit zu besitzen.

Lieut. W. Madame, Sie sind erschaffen alles um sich her zu beglücken.

Lieut. Fl. Bey meiner Seele, das dringt bis in mein Innerstes! — Bruder, ich bin zur Tugend bekehrt, verdanke es mit mir diesem Engel, das Muster ihres Geschlechts.